10,155

NOTE EXPLICATIVE

POUR

L'APPEL DORVAULT

CONTRE

GRIMAULT

COUR IMPERIALE DE PARIS (3ᵉ Chambre.)

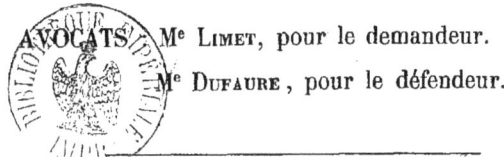 Mᵉ Limet, pour le demandeur.
Mᵉ Dufaure, pour le défendeur.

Le procès en appel Dorvault contre Grimault est déjà ancien. Les retards proviennent tant du fait des tribunaux que de MM. Dorvault et Grimault eux-mêmes. Du côté de M. Dorvault, qui seul avait intérêt à hâter les choses, des maladies successives sont venues empêcher sa vigilance.

Ce procès contient des faits assez curieux pour que, en dehors de l'importance que les parties y attachent, il appelle l'attention des magistrats chargés de le réviser. Ces faits ressortent déjà des faits signalés dans le mémoire ainsi que dans la plaidoirie de l'avocat de l'appelant e ressortiront en outre de l'exposition qui va suivre.

M. Grimault, pharmacien, est le successeur de M. Dorvault, directeur d'un grand établissement de pharmacie en gros (la Pharmacie centrale des pharmaciens de France), qu'il venait de fonder lorsqu'il fit la cession de sa pharmacie. Il restait donc ainsi dans les affaires. C'est cette situation qui a déterminé les divers motifs du conflit qui constitue le procès. Dans un premier procès, en 1859, devant le Tribunal de commerce, M. Dorvault avait eu gain de cause sur l'un

1864

des points du procès actuel, et en entamant le second, les choses étant les mêmes, il pensait de même avoir raison. Comment se fait-il qu'avec un rapport d'arbitre, favorable sur tous les points, le résultat ait été opposé? Croyant sa cause gagnée d'avance, il a sans doute manqué, par cela même, de vigilance, et n'a pas fait le nécessaire pour la faire triompher à nouveau. Aussi, instruit par le revers, vient-il, armé de toutes les preuves nécessaires, et même peut-être de pièces surabondantes, éclairer ses juges, autant qu'il est possible. Nous reviendrons, d'ailleurs, en terminant, sur les causes probables de la perte du second procès.

Devant le Tribunal de commerce, le procès se composait d'un règlement de compte du fonds cédé par Dorvault à Grimault.

Sur ce premier point, Dorvault réclamait un reste de solde, et Grimault, ainsi qu'il l'énonce dans ses conclusions prétendait ne plus rien devoir. L'expert, tout en réduisant beaucoup les réclamations de Dorvault, lui a cependant donné raison, en reconnaissant qu'il lui revenait quelque chose. Le règlement de l'expert étant accepté de part et d'autre, il n'y a plus à s'en occuper. Mais ce point liquidé se trouve remplacé par un autre, constitué par un ancien appel non vidé, et par lequel Dorvault réclame contre l'emploi et l'abus que Grimault fait de ses médailles scientifiques.

D'après cela, le procès en appel se compose aujourd'hui des quatre points suivants : 1° revendication par Dorvault d'une participation sur le sirop de raifort iodé ; 2° abus du nom Dorvault par Grimault ; 3° revendication par Dorvault de ses médailles ; 4° demande reconventionnelle de Grimault contre Dorvault relativement aux lettres délivrées par la poste.

1° PARTICIPATION SUR LE SIROP DE RAIFORT IODÉ. — On était en juin 1859, et Dorvault avait gagné en mars, c'est-à-dire trois mois avant, un procès contre Grimault pour l'abus que celui-ci avait fait de son nom. Grimault continuait à en abuser encore malgré ledit jugement.

Grimault étant venu voir Dorvault, celui-ci lui reprocha cet état de choses d'une manière générale et en particulier d'abuser de son nom sur le sirop de raifort iodé (dont précisément il avait un prospectus sous les yeux, au moment de cette visite) en allant demander aux médecins des attestations sous son nom à lui, Dorvault, et les étalant dans ses prospectus, etc. (1).

Puis, lui rappelant une participation qu'il devait avoir dans les bénéfices de son ancienne pharmacie, participation dont il avait été évincé par des moyens qu'il serait trop long d'expliquer, et qui d'ailleurs sont étrangers au débat actuel, (2) il lui fit part qu'il était bien décidé à ne plus tolérer ce qui lui était préjudiciable.

Voyant ces dispositions, Grimault arriva à faire des propositions.

Il proposa d'abord à Dorvault une participation dans un produit non encore exploité (les produits au *matico*, qu'il a lancés depuis).

Tout d'abord, Dorvault lui signifia qu'il ne pouvait en aucune façon le laisser se servir de

(1) Le premier de ces certificats, qui est attribué au docteur Boinet, déclare n'avoir jamais donné ce certificat qui ne ressort même pas d'un texte de ses publications. (V. pièce au dossier.)

(2) Toutefois ce que nous pouvons dire en deux mots pour caractériser cette affaire, c'est que si, aujourd'hui que les choses peuvent être mieux appréciées, M. Grimault consent à ce qu'elle soit revisée, M. Dorvault l'accepte avec empressement.

son nom, qu'il devait en entier à la Société de la Pharmacie centrale, et non laisser penser, comme les enseignes le donnaient à croire qu'il était encore, en tout ou en partie, propriétaire de son ancienne pharmacie de détail ; et, d'autre part, que ne s'étant lui-même jamais servi de son nom que discrètement, il ne pouvait consentir a le voir jeter à tous les vents comme il le faisait ; que toutefois, pour le sirop de raifort iodé dont il était en partie l'auteur, pourvu qu'il fût préparée consciencieusement et exploité convenablement sans charlatanisme, il consentait aux conditions que lui offrait Grimault, et, comme dédommagement de son ancienne participation, à laisser les choses en l'état, attendu que cela n'intéressait en rien sa Société. Il fut convenu que Grimault allait écrire une lettre ratifiant ces conventions. Cette lettre arriva en effet à Dorvault, le 24 juin 1859 ; mais, au lieu de reproduire les choses convenues, Grimault revenait à sa première proposition. Dorvault lui ayant fait savoir que ce n'était pas cela, aussitôt Grimault écrivit la seconde lettre, qui en effet, comme on peut s'en assurer, porte la même date. Cette dernière donnait l'option à Dorvault du sirop sur le *matico*, option déjà faite verbalement par avance et qui le fut, en outre, aussitôt après par écrit. Les deux lettres sont au dossier et font foi. (Elles sont reproduites au mémoire de M. Limet).

Lorsqu'un an après (en pharmacie les choses se règlent par inventaire annuel), Dorvault demanda à Grimault de régler, en même temps que l'ancien compte du fonds de pharmacie, le compte annuel de participation au sirop, Grimault renvoya, comme il le faisait depuis plusieurs années pour le premier, à plus tard et ainsi à plusieurs reprises.

Tant par tempérament qu'empêché par des occupations excessives, Dorvault accepta ces renvois. Mais à la fin, voyant qu'il n'aboutirait pas autrement, il rassembla ses griefs et attaqua judiciairement Grimault.

De même qu'il avait nié ne plus rien devoir à Dorvault sur la vente de son fonds, Grimaud chercha à contester pour le sirop (son exploit porte qu'il n'a jamais consenti de participation sur le sirop), et finit cependant, afin de redresser une erreur faite par Dorvault dans la copie de ses lettres, par apporter devant l'arbitre rapporteur ses deux lettres reproduites dans son livre-copie. Mais alors il invoqua leur nullité, comme n'ayant pas été suivies d'acceptation.

La nullité pour défaut d'acceptation, tel est le grand argument opposé. Heureusement pour Dorvault que, comme le dit l'arbitre, M Delahodde, dans son Rapport et « *qu'il n'est nul besoin d'une acceptation sacramentelle pour une promesse de ce genre,* » et que comme l'ont déclaré de leur côté sans hésitation les jurisconsultes que Dorvault a consultés, ces lettres constituent un simple titre d'engagement de fait, ou encore un engagement sous seing privé qui n'a pas besoin de cette formalité. En effet, au point de vue du droit, ce n'est pas l'acte synallagmatique de l'art. 1325, ni l'acte commutatif de l'art. 1104 du Code civil, mais celui de l'art. 1326 ou l'acte *unilatéral* de l'art. 1103, dans lequel une seule partie s'engage envers l'autre, *qui ne portant pas de délai et n'ayant été ni rétracté, ni refusé, est resté dans toute sa valeur.*

En effet, une seule partie s'est engagée envers l'autre, c'est Grimault, car Dorvault ne s'engage à rien, il n'a qu'à recevoir si bénéfice il y a, rien à donner, ni temps, ni argent, et n'a aucun risque de perte à courir. D'autre part, il n'agit pas comme commerçant, au nom de sa Société, mais pour lui-même, comme simple particulier, et la loi n'exigeant pas d'acceptation, on ne peut faire dire à la loi ce qu'elle ne dit pas.

M. Grimault lui-même, dans ses lettres n'exige, ne demande pas de réponse d'acceptation.

Pourquoi? Parce que cette acceptation était verbalement donnée d'avance, ainsi que le prouve la filiation des lettres. Mais mieux, cette acceptation écrite a été donnée par surplus par Dorvault qui l'affirme. Si devant l'arbitre et devant le Tribunal de Commerce, cette pièce n'a pas été produite, c'est que le premier n'ayant pas exigé sa production, la jugeant inutile, M. Dorvault n'avait pu encore la retrouver. Grimault a objecté d'avance, qu'alors même qu'on présenterait cette lettre, elle ne serait pas valable comme n'étant pas insérée dans un copie de lettres régulier. Dorvault n'agissant pas pour la Société, mais comme simple particulier, et n'ayant pas de livre-copie pour ses affaires personnelles, n'a, en effet, pas pris ce soin. Grimault en profite pour en nier l'existence. Mais sa dénégation n'a que sa valeur, et comme nous l'avons établi, cette acceptation écrite, nullement nécessaire, est venue par surplus.

Mais pour détruire un engagement de ce genre, il faudrait prouver que celui en faveur de qui il est pris l'a refusé, soit par écrit, soit en n'acceptant pas les sommes qui lui reviennent. Or Grimault ne peut produire ni lettre ni preuve d'aucune espèce de refus, et s'il dénie la lettre d'acceptation de Dorvault, c'est évidemment pour s'exonérer de ses engagements. Il ne peut pas davantage prouver, et, du reste, il n'invoque aucune rétractation de sa part. D'un autre coté, un engagement pareil n'est pas sujet à la prescription, et il l'est d'autant moins, dans l'espèce, que la seconde lettre dit *qu'on sera toujours prêt à donner l'option du sirop*.

Aujourd'hui Grimault, n'étant plus en humeur réparatrice, voudrait, les bénéfices donnés par l'exploitation étant devenus importants, évincer Dorvault de cette deuxième participation comme de la première. Or, en accordant la nullité à Grimault, il s'ensuit qu'il serait exonéré de cette réparation qu'il reconnaissait alors avoir à faire envers Dorvault, dans les termes formels par lesquels il déclare vouloir la faire, au début de sa première lettre, et qui en fait validerait par eux seuls son engagement ; cela l'exonèrerait de son bon mouvement et de faire acte d'honnêteté homme! Il ne le voudrait pas et on ne le voudra pas. Il faut, en effet, ne pas perdre de vue ce que les lettres elles-mêmes établissent suffisamment, c'est que Grimault, en même temps qu'il s'assurait la bonne volonté de Dorvault, pour l'exploitation soit du médicament de la première lettre, soit du sirop de la seconde, réparait (fait important à connaitre et qu'a parfaitement reconnu l'arbitre) un préjudice causé à Dorvault par la privation d'une participation qu'il devait avoir dans son ancienne pharmacie, et dont nous avons déjà parlé.

Mais éclairons la question tout au long.

L'affaire à laquelle il est fait allusion dans la première lettre, cela a déjà été dit, avait pour objet les préparations au *matico* (1), qui ont été lancées en effet quelques mois après par Grimault, ce qui prouve encore l'idée arrêtée d'exécution ; Dorvault a choisi et accepté, comme la seconde lettre lui en laissait la faculté, et comme d'ailleurs c'était convenu entre eux préalablement aux lettres, le sirop de raifort iodé, le succès des préparations au *matico* lui paraissant aléatoire. D'où il résulterait, au besoin, que, si l'on veut évincer celui-ci du sirop, faut lui donner le *matico* : on ne peut sortir de là. On ne peut encore sortir d'un autre point, c'est que la seconde lettre disait *qu'on sera toujours prêt a mettre à la disposition de Dorvault le sirop de raifort*, à la place de l'objet non dénommé de la première lettre, il s'ensuit que si l'on

---

(1) Dorvault est l'introducteur de cette substance dans la matière médicale française, ainsi que Grimault le dit dans ses prospectus. Mais il n'en avait pas fait l'objet d'une exploitation spéciale. C'est par erreur que l'arbitre dans ses rapports parle d'un purgatif: le matico est, au contraire, un astringent ; mais un arbitre n'est pas obligé de connaitre la matieres médicale. D'ailleur peu importait pour lui la nature de ce produit puisqu'il le laissait de côté.

pouvait détruire le droit de Dorvault pour défaut d'acceptation en juin 1859, il faudrait le rétablir à la date de l'assignation donnée à Grimault et lui tenir compte, jusqu'à cette époque, du bénéfice réalisé sur les préparations au *matico*.

La preuve que Grimault avait l'acceptation de Dorvault, avec option c'est qu'après cela il continue, et même plus librement que par le passé, à mettre le sirop de raifort iodé sous le nom de Dorvault, ainsi que l'établissent les pièces du dossier et en particulier une circulaire adressée à tous les médecins ; ce qui serait encore, en admettant un vice de forme dans l'engagement, une cause de validation, comme preuve de commencement d'exécution de l'engagement (1). Comment aurait-il eu autrement la prétention de continuer à présenter, comme étant de Dorvault, une préparation qui n'existait pas telle lors de la cession de sa pharmacie, Dorvault, n'ayant qu'à se plaindre de lui et, conséquemment, pas de gracieuseté à lui faire?

Depuis l'appel, Grimault, dans quelques publications, a mis le sirop sous son nom ; cela est une preuve de plus qu'il sent sa fausse position et qu'il voudrait s'en sortir en donnant le change.

En effet, c'est d'abord dans des annonces faites dans des *journaux* politiques étrangers que Grimault commence ce mouvement de réforme qu'il continue dans les journaux politiques français des départements où on peut le suivre depuis quelques mois, et enfin dans les journaux de médecine de Paris, où il apparaît pour la première fois le 9 avril présent mois. Ces annonces, il est vrai, sont en désaccord avec les flacons de sirop et les prospectus qui les accompagnent qui laissent encore le sirop sous le nom de Dorvault. Mais il faut le temps à tout. Extinction du nom Dorvault procédant de la circonférence au centre. On voit la combinaison de Grimault (Pièces au dossier à l'appui).

Par cette substitution insensible du nom, le succès du sirop étant aujourd'hui assuré, Grimault pense s'exonérer de son engagement, mais alors même que la substitution fût arrivée jusqu'aux flacons et prospectus du sirop, la participation n'en serait pas moins due.

En fait et en droit, Dorvault est donc fondé dans sa demande relative au sirop.

Cependant le tribunal de Commerce a débouté Dorvault sur ce chef.

Sur ce point du procès comme sur ceux qui vont suivre, le Tribunal de commerce, par l'imbroglio qu'il commet, et en donnant au simple engagement Grimault le caractère d'*opérations* et *entreprises* commerciales entre Grimault et Dorvault, prouve qu'il a jugé sans savoir en réalité ce qu'il jugeait et a commis une grave erreur. Nous avons établi, en effet, que Dorvault n'avait à s'engager ni à s'immiscer en quoi que ce soit; qu'il n'avait qu'à recevoir et rien à donner que sa bonne volonté morale. Toutefois, en considérant bien ce jugement, il est favorable à Dorvault, en ce sens qu'il n'invoque pas le vice de forme des lettres par défaut d'acceptation ni d'autres causes de nullité. En effet, il n'oppose nullement cet argument, mais commettant une erreur manifeste, il dit que la réclamation Dorvault n'est pas admissible parce que l'objet dans lequel il devait participer n'a pas eu de suite, est resté à l'état de projet. Or le sirop de raifort existe parfaitement et se vend même fort bien. Donc, si le Tribunal de commerce n'avait pas pris le change, s'il avait su l'existence de la chose, il donnait raison à Dorvault. (V. le texte du jugement au mém. Limet.)

(1) Des circulaires portent jusqu'à 13 fois, afin qu'on en ignore, les mots *sirop de raifort-iodé de Dorvault*, et le prospectus qui entoure encore aujourd'hui les flacons de sirop reproduisent ces mots 7 fois.

2º QUESTION D'ABUS DU NOM DORVAULT, ENSEIGNE, PROSPECTUS, ETC. — Un jugement du Tribunal de commerce de mars 1859 existe. Le sieur Grimault ne s'y étant pas conformé en tous points, il en doit réparation. Si Dorvault n'a pas agi cette fois avec plus de vigueur, ce qu'on lui a reproché, c'est que Grimault lui donnait chaque jour la promesse de s'exécuter ; mais connaissant le tempérament et les occupations excessives de Dorvault, il ne s'en inquiétait pas davantage.

Grimault présentera sans doute, et même accompagnés d'attestations, des imprimés, des étiquettes, etc , où son nom figurera au moins en caractères plus ou moins faibles, où il figurera, même en caractères très-lisibles, à côté du nom Dorvault, mais cela sera pour les besoins de la cause, comme il a fait lors du premier procès, où cependant cela n'a pas réussi ; mais l'orage passé, s'il n'a rien ou peu coûté, on recommencera comme avant. Il présentera des attestations comme quoi des annonces, réclames, avec le nom Dorvault, qui sont prohibées, ne sont pas des réclames à prix d'argent, mais des attentions d'amis journalistes.

Il présentera de nombreuses lettres à lui adressées directement sans le convert du nom Dorvault ; cela ne prouvera qu'une chose, c'est que des clients de Grimault, d'abord attirés par le nom de Dorvault, ont fini par reconnaître qu'ils avaient affaire à Grimault, mais cela ne détruit nullement les pièces produites qui établissent que tous les jours encore de nouveaux venus prennent le change. Disons même que beaucoup de pièces que l'adversaire nous oppose viennent confirmer nos dires et qu'aucune d'elles ne détruit sérieusement nos plaintes.

Pour ces attestations et certificats, on sait combien il est facile d'en obtenir des fournisseurs et combien d'ailleurs, de la meilleure foi du monde, on atteste une chose que l'on ne voit que d'un côté, en ignorant ce qui se passe de l'autre, alors surtout que l'on n'a nul intérêt à le savoir. Dans le jugement de 1856, Grimault a produit beaucoup d'attestations, beaucoup de pièces pour prouver son innocence, et le Tribunal les a laissées de côté pour ne voir que les faits.

Les pièces diverses par nous produites à notre dossier ont été choisies avec intention pour les dates de 1859, c'est à-dire depuis l'époque du premier jugement jusqu'à ce jour, pour prouver, les premières, la continuation constante du délit, les dernières, qu'il existe encore depuis l'assignation en première instance et l'appel.

Dorvault pourrait produire un bien autre nombre de pièces à l'appui de ses dires touchant l'abus que Grimault fait pour son plus grand profit avec une persistance et une habileté incroyable du nom Dorvault et de la confusion qu'il cherche à établir entre Dorvault à la Pharmacie centrale, et Dorvault autrefois pharmacien, rue de la Feuillade. Les pièces produites et elles sont nombreuses, nous le répétons, ne sont donc que des spécimens pour démontrer les divers genres d'abus.

Comment Dorvault aurait-il aliéné complètement son nom, comme le dit à tort le dernier jugement du Tribunal de commerce, puisqu'il quittait sa pharmacie pour se livrer en entier à la direction de l'établissement qu'il venait de créer sous la raison sociale Dorvault et Cie, et alors que les conditions verbales ne concèdent à Grimault que le titre de *successeur*. La véritable maison Dorvault n'est que dans celle où il est ; l'autre n'est que celle de Grimault, successeur de Dorvault.

Dorvault s'oppose donc à ce que l'on continue à donner le change, d'abord au point de vue commercial, ensuite au point de vue de la législation pharmaceutique, qui engage la responsabilité de Dorvault et peut devenir pour lui une source de difficultés.

Des pharmaciens français et étrangers confondent, Grimault employant tous les moyens à cet effet, l'ancienne pharmacie Dorvault avec son établissement actuel; cet établissement donnant un relief avantageux et Grimault *traitant, l'occasion s'en présentant, les affaires en gros, achats ou ventes*, il profite de cette confusion pour s'appliquer de bonnes affaires destinées à la Pharmacie Centrale. D'autre part, cette confusion fait croire à quelques pharmaciens de Paris que Dorvault est encore le réel propriétaire de la pharmacie et qu'il leur fait concurrence au détail. D'autre part encore, Grimault fournissant à des médecins et à des corporations en province, et ce fait arrivant à la connaissance des pharmaciens de province, ceux-ci croient qu'il s'agit de fournitures par la Pharmacie Centrale ; de là de nombreuses plaintes et réclamations des actionnaires et clients de celle-ci, qui ne doit vendre seulement qu'aux pharmaciens, et non à leurs ennemis. Les droguistes concurrents de la Pharmacie centrale exploitent cette position.

Lorsque Grimault lance un nouveau produit, il le met sous le nom de Dorvault, et une fois le succès assuré, le met peu à peu sous le sien. Aussi arrive-t-il souvent qu'on vient entretenir Dorvault de nouveautés de son invention dont il n'a pas encore entendu parler. Ce qui est plus grave, c'est qu'on a mis ainsi sous son nom des produits défectueux; que ces faits sont connus du monde médical et pharmaceutique, et que le nom de Dorvault y est compromis (1).

Dorvault a des titres scientifiques et honorifiques ainsi que des précédents qui l'obligent. Or Grimault, en mettant son nom sur toutes ses entreprises, annonces, etc., sentant plus ou moins l'industrialisme, lui cause un préjudice moral très-sérieux, qu'il est important de faire cesser pour l'avenir et pour lequel le passé exige réparation.

Déjà par le précédent jugement, Grimault a été exonéré des dommages-intérêts demandés par Dorvault, le Tribunal ayant pu considérer que Dorvault se plaignant officiellement, pour la première fois, cette question pouvait être écartée. Aujourd'hui il n'en est plus ainsi, les pièces que Dorvault produit prouvant que le préjudice dont on se plaignait alors s'est continué.

Que Grimault dise qu'il vient de faire des changements à ses enseignes, factures, etc., et qu'il est prêt à faire davantage si c'est trouvé insuffisant, c'est très-bien; mais le dommage pour le passé n'en existe pas moins, et comme les assurances qu'il donnera maintenant il les donnait autrefois, assurément. s'il n'est pas condamné à payer des dommages-intérêts cette fois encore, et d'assez sérieux, il recommencera, et ce ne sera jamais fini. Il serait par trop commode de payer et de se sauver d'un mauvais pas toujours par des paroles. L'habileté n'est pas toujours de mise, et heureusement que la bonne cause lésée triomphe quelquefois. Dans l'espèce, il faut donc, pour réparer le préjudice du passé et assurer l'avenir, une pénalité rigoureuse. Le préjudice causé est certainement bien supérieur aux 15,000 fr. demandés, eu égard à la position commerciale et scientifique qu'occupe Dorvault. En bornant sa réclamation à ce chiffre dernier, il a voulu montrer qu'elle était sérieuse.

Sous ce rapport on reconnaîtra que l'arbitre en première instance, si judicieux dans ses conclusions, en accordant 300 fr., a cependant sur ce point spécial manifestement perdu de

---

(1) Exemple : le sirop de *quinquina rouge ferrugineux*, dont la moralité est si fort contestée, qu'aujourd'hui Grimault met sous son nom, mais qu'il avait mis d'abord sous celui de Dorvault, et qui est encore demandé quelquefois sous ce dernier nom. (V. pièces spéciales au dossier.)

vue l'importance du dommage lesquelles sont sa durée, sa persistance malgré un jugement qui disait qu'en ce cas il serait fait droit, la position matérielle et morale de Dorvault.

Emettons à ce propos une réflexion :

M. Grimaud fait, ainsi que son associé, une fortune considérable. Certes, M. Dorvault n'y verrait aucun mal, il y applaudirait même très-fort, si c'était par des moyens convenables Mais comment accepterait-il, sans en être péniblement affecté, ce succès, alors qu'il est obtenu à l'aide de son nom que l'on tambourine, que l'on exploite sur tous les tons, qu'en un mot, on prostitue ; de son nom avec lequel il aurait pu lui, mieux autorisé, faire une fortune rapide aussi, mais qu'il a préféré conserver honorable, quitte à devenir moins riche. — On ne permettra pas la continuation d'un abus pareil, qui a déjà trop duré.

On peut assurer que Grimault a gagné, par ces abus, deux ou trois cent mille francs de plus qu'il n'aurait gagné en ne les commettant pas. Il sera donc loin d'être en perte ; aussi est il possible qu'il continue à ce prix.

Quelque temps après que l'action a été engagée, Grimault a fait faire des changements dans les inscriptions et enseignes de la Pharmacie, de manière à ce qu'il n'est plus guère possible à un expert de savoir ce qui existait avant. Ainsi, les enseignes sur les rues de la Feuillade et de la Vrillière, malgré le jugement de 1859, portaient seulement *Pharmacie Dorvault*, sans être accompagnées d'aucune façon du nom de Grimault. L'enseigne sur le balcon donnant sur le carrefour de la Banque, où se trouve la porte d'entrée, ne peut rester ainsi, et les changements faits à l'enseigne sur la rue de la Feuillade et de la Vrillière ne peuvent être admis. En effet, PHARMACIE DORVAULT GRIMAULT et Ce, S^{rs} veut dire, en négligeant le S^{rs} de la fin, erreur que le public fait tous les jours, que Dorvault est l'associé de Grimault et Ce, qu'il est même le principal associé de la Société. Le mot *et Ce* prête lui-même à l'illusion, attendu qu'il n'est pas habituel dans la profession de pharmacien, mais seulement dans le commerce en gros. On a donc calculé ainsi que ce signe ferait croire encore mieux à la présence de Dorvault ; que l'établissement de la rue de la Feuillade est une annexe de l'établissement en gros et qu'on y était à même de procurer les mêmes avantages. On invoquera que beaucoup de successeurs se servent de cette tournure d'enseigne : *Maison un tel, un tel successeur*, bien qu'illogique, puisqu'elle donne un sens actuel à une chose passée ; cette construction de phrase est, en effet, employée quelquefois ; mais c'est quand le prédécesseur n'est pas resté dans les affaires et n'a pas d'intérêt à s'y opposer.

Tous ces petits moyens, ou mieux cette haute stratégie, prouvent combien Grimault cherche à donner le change et à établir la confusion. D'autre part, ces propres remaniements que Grimault a fait *in extremis* pendant l'instance, prouvent qu'il avait tort et n'avait pas exécuté le premier jugement. Il se condamne lui-même.

Le Tribunal de Commerce a rendu, dans l'espèce, un jugement qui ne fait, du reste, que confirmer sa jurisprudence habituelle (voir la *Patrie* du 11 mai 1862), parfaitement conforme à ce que Dorvault réclame. Mme veuve Delisle s'est plaint de ce que ses successeurs se servaient du titre Maison Delisle pour leur liquidation, cet énoncé lui causant un préjudice moral. Le Tribunal a obligé de mettre ancienne maison Delisle, MM. tels et tels successeurs. La position de Dorvault est bien plus avantageuse pour obtenir gain de cause, car Mme Delisle avait concédé les mots maison Delisle, tandis que Dorvault n'a point consenti maison Dorvault, mais seulement ceux de Grimault comme successeur, et qu'il est resté dans les affaires. Maintenant si les successeurs Delisle jetaient un vernis défavorable par l'état de leurs affaires sur le nom de Delisle, Grimault, lui, s'enrichit, au contraire, mais jette de la défaveur sur le nom Dorvault par ses réclames de toutes les couleurs.

Grimault, Dorvault ne le conteste pas, comme à tort le jugement dont est appel le lui fait dire, a le droit de se servir du nom Dorvault, en le faisant précéder du sien comme successeur, dans ses enseignes, factures, étiquettes ; mais non dans les réclames, annonces, affiches, cela étant stipulé d'une manière spéciale. Ceci est une distinction importante à faire. Ainsi donc Grimault peut faire annonces, réclames tant qu'il voudra sous son nom, mais le nom Dorvault n'y doit paraître d'aucune façon, alors même que Grimault y mettrait son titre de successeur. Grimault sait très-bien cela, d'abord par la réserve faite sur ce point par Dorvault ; puis par le refus qu'il lui a fait dans le temps de lui concéder cette faculté. Aussi, n'est-ce que tout à fait en cachette qu'il s'est hasardé à commettre cette contravention. Mais, quoi qu'il en soit, cette contravention a eu lieu, elle exige une réparation.

Enfin, Dorvault a vendu à Grimault, et non à Grimaud et Ce. Il ne reconnait donc que Grimault seul comme successeur, et n'entend nullement étendre ce titre à ses associés. Grimault, à lui seul, ayant beaucoup abusé, que serait-ce donc à plusieurs ? Et Dorvault n'entend concéder à Grimault que ce qui lui revient strictement, et rien de plus. Il fait du reste ses réserves sur ce point.

D'après cet exposé, c'est donc grandement à tort que le jugement de première instance du 16 octobre 1862 dit que Grimault s'étant conformé au jugement de mars 1859, la réclamation Dorvault ne peut être accueillie. Nous justifions la preuve de ces abus par des pièces dont la plupart ont des dates authentiques et qui ne peuvent être récusées. D'autre part, Grimault ne nie pas et ne pourrait nier que les grandes enseignes sont restées telles que nous l'avons dit jusqu'au 25 avril 1862, c'est-à-dire 3 ans après le premier jugement, et un mois après l'assignation. Mais le Tribunal, jugeant sur le siége, n'a pas eu le temps d'apprécier sainement les choses comme l'avait pu faire son arbitre, qui avait tout confronté avec calme, pièces et dires des parties, dans son cabinet et avait été visiter les lieux ; mais nous reviendrons sur ce point important. Ce jugement de 1862 commet des erreurs fâcheuses en disant : 1° Que les conventions disant que Grimault exercerait sous la dénomination Dorvault, [Grimault successeur, ce qui est presque le calque de l'enseigne actuelle de Grimault, contre laquelle nous réclamons, tandis que les conventions disent seulement que *Grimault aura le droit au titre de successeur de Dorvault*. C'est encore une grave erreur qu'il commet en admettant que les annonces peuvent avoir lieu, tandis que les annonces sont prohibées (1). Ces erreurs sont gravement regrettables et prouvent comment les choses se sont passées avec confusion.

C'est bien à tort, il faut encore le répéter, que le Tribunal de Commerce n'a pas vu l'abus du nom Dorvault sur toutes les formes, attendu que Grimault lui-même se reconnaissait évidemment fautif, quand il faisait offrir à Dorvault par tintiers, avant même le rapport de l'arbitre, une somme de 10,000 fr. pour laisser son nom en l'état, ce que Dorvault refusa, ne pouvant donner son nom actif qu'à son établissement actuel. Mais cette offre n'étant qu'officieuse, Dorvault ici ne doit être cru que sur parole. Grimault a eu ainsi pour rien ce qu'il offrait de payer.

(1) V. le texte du jugement, Mém. Linnet.

3° QUESTION DES MÉDAILLES. — Le jugement du Tribunal de commerce, de 1859, qui donnait gain de cause à Dorvault sur les autres points, lui a donné tort sur celui-ci, en accordant à Grimault le droit aux médailles.

Dorvault a positivement concédé à Grimault le droit de se dire *successeur* de Dorvault, mais il n'est écrit nulle part qu'il concédait aussi ses médailles. Allant, en effet, fonder un nouvel établissement, ce qu'il importe toujours de ne pas perdre de vue, dans les différentes phases de ce procès, dans lequel il pouvait avoir à se servir de celles-ci, il ne pouvait les aliéner.

Si ces médailles étaient des prix industriels obtenus par Dorvault, on pourrait avec raison considérer que c'est l'organisation de la Maison qui a permis de les obtenir et que, partant, elles doivent lui rester attachées. Mais il s'agit ici de médailles obtenues dans des concours scientifiques, et qui appartiennent en propre à celui qui les a obtenues, à moins qu'il ne les aliène par une stipulation spéciale. Toute personne en ayant les moyens peut acheter un immeuble nobiliaire, mais ne peut pour cela se servir du blason de noblesse.

Dorvault réclame encore ses médailles en raison de l'abus incroyable que M. Grimault en fait ; que l'on jette les yeux sur les pièces contenues au dossier à ce sujet, on verra sur les imprimés d'abord les mots :

PHARMACIE DORVAULT
RUE DE LA FEUILLADE.

○ ○ ○

GRIMAULT et Cie lauréats *de l'École de Pharmacie de Paris, pharmaciens.*

D'après cette disposition des choses, à qui appartiennent les médailles ; qui est le véritable lauréat? Grimaud apparemment. Hé bien, pas du tout ; c'est Dorvault qui est le véritable propriétaire des médailles, le seul lauréat. La déclaration du directeur de l'école de Pharmacie, en fait foi ; mais on ne le dirait pas !

C'est donc, en même temps qu'un rapt de médailles commis envers Dorvault, une manière de tromper le public, en se donnant des titres qu'on n'a pas. Cela ne nous semble tolérable à aucun point de vue.

On rendra donc à Dorvault ses médailles, tant parce qu'il ne les a pas aliénées, qu'afin qu'on ne puisse en faire l'abus signalé.

4° DEMANDE RECONVENTIONNELLE DE GRIMAULT TOUCHANT LES LETTRES ADRESSÉES A DORVAULT, RUE DE LA FEUILLADE. — Il est inouï de voir Grimaud demander reconventionnellement à ce que Dorvault ne reçoive pas les lettres à son nom ? De la sorte, on conteste à Dorvault qu'il est bien lui, et on veut que le nom qu'il s'est donné tant de peine à acquérir soit donné en pâture à M. Grimault qui, lui, tient tant à cacher le sien. N'est-ce pas là la preuve évidente de l'abus que commet Grimault avec tant d'insistance. Qu'il cesse de le commettre, et les lettres qui sont réellement pour lui ne seront plus adressées au nom Dorvault. C'est donc ici une arme qu'il fournit contre lui.

Il est aussi inouï, ajouterons-nous, que le Tribunal de commerce ait donné raison sur ce point encore à M. Grimaud.

Que si Dorvault n'eût pas continué les affaires et n'eût pas tenu, comme le font beaucoup de prédécesseurs, à recevoir toute lettre à son nom, rien de mieux ; mais Dorvault est resté dans les affaires. Pendant longtemps encore on croira qu'il est à son ancien domicile, si surtout son successeur fait toujours entretenir cette erreur. Il lui arrivera donc là des lettres particulières, des lettres d'affaires relatives à ses nouvelles opérations, et on veut que ce soit Grimault qui les reçoive, que si Dorvault reçoit des lettres à son nom, mais adressées rue de la Feuillade, il les renvoie sans les décacheter à son successeur, au lieu de faire le contraire, c'est-à-dire, de laisser Dorvault recevoir toutes les lettres à son nom, quitte à renvoyer à son successeur celles qui se rapportent à la pharmacie de détail ; en un mot, on veut que M. Dorvault ne soit plus lui, on le décapite de son nom, qu'il s'est cependant bien donné de la peine à faire, pour le donner à un autre. Voilà, nous le répétons, quelque chose d'inouï.

C'est encore une grave erreur que commet le jugement du Tribunal de commerce en disant « qu'il suffira à Grimault d'informer la poste d'avoir à lui livrer toutes les lettres au nom Dorvault, adressées rue de la Feuillade, pour que la chose ait lieu. »

La jurisprudence de l'administration des postes est tout l'opposé, ainsi que l'établissent les pièces au dossier. La voici : la poste, qui n'a pas à savoir si M. un tel a vendu ou non, envoie les lettres qu'elle reçoit au domicile indiqué, mais si le prédécesseur, le porteur du nom lu réclame de lui diriger ses lettres sur son nouveau domicile, la poste obéit aussitôt ; à moins que le successeur venant réclamer à son tour, et prouvant d'une manière authentique qu'il a droit aux lettres en raison d'une stipulation spéciale formelle, cas auquel seulement elle envoie les lettres au successeur.

Telle est la règle de la poste, qui là, sans nul doute, a été établie d'après de sérieuses considérations, règle d'ailleurs d'accord avec la raison, qui veut qu'à moins de stipulation contraire, un homme ait droit exclusif de son nom, et qui doit faire loi.

Lorsque Grimaud a soulevé sa demande reconventionnelle, Dorvault y a vu une excellente chose à l'appui de ses dires sur l'abus qu'on fait de son nom; en un mot, que Grimault se livrait lui-même. Telle a été aussi l'opinion de l'arbitre rapporteur (1). Comment le Tribunal a-t-il apprécié le contraire. S'il avait pris connaissance au dossier des lettres adressées à Dorvault, rue de la Feuillade, beaucoup venues de divers pays étaient réellement pour lui et relatives à son établissement et à ses affaires actuelles, et que celles en réalité concernant son successeur, et que, quoi que celui-ci en dise, lui sont remises fidèlement et promptement, n'étaient au nom Dorvault que par le fait même de Grimaud qui entretient la confusion.

Les pièces de ce chapitre contenues au dossier, outre la défense de Dorvault sur ce point, serviront donc en outre à prouver l'abus dont il se plaint relativement à l'usage de son nom.

Grimault, mieux renseigné sur les choses que les juges du Tribunal de Commerce qui ont

---

(1) Voir le Mémoire Limet pour les termes du rapport.

rendu le dernier jugement, et qui ne semblait faire sa demande reconventionnelle que pour avoir l'air d'avoir aussi lui des griefs, sachant qu'il n'avait pas droit aux lettres ni qu'à s'adresser à l'administration des postes pour les obtenir, n'avait point réclamé ce droit jusqu'à présent, pas même à l'occasion du premier procès, si ce n'est de la manière plus qu'offi- cieuse que voici : A l'époque de ce premier procès, il fit croire à un facteur qu'un jugement lui donnait le droit aux lettres, le facteur confiant lui porta les lettres à partir de ce jour. Sur la réclamation de Dorvault à l'administration, on s'enquit de la cause du détournement des lettres de leur voie régulière, on découvrit l'artifice et le facteur fut sur le point d'être renvoyé par suite de ce fait. En effet, non seulement aucun jugement ne rendait les lettres à Grimaud, mais encore le premier jugement n'était pas rendu, et il n'était nullement question de cette revendication dans ce premier procès.

Une lettre de l'Administration des Postes qui arrive à Dorvault, au moment où se termine cette note, et qui sera produite dit qu'alors même qu'un jugement donnerait le droit aux lettres du successeur, celui-ci ne peut encaisser (les fonds, fussent-ils finalement pour lui, et la question des fonds n'est pour rien ici, mais celle de principe), celui-ci ne peut encaisser, dit- elle, les mandats de poste faits au nom du prédécesseur, si le jugement ne stipule pas expres- sement la question des mandats, ou s'il n'est muni d'un pouvoir spécial. La même lettre cons- tate que Grimault a reçu et encaissé des bons de poste au nom de Dorvault, en se présentant comme mandataire de celui-ci. Or le jugement dont est appel ne parle aucunement des man- dats, et Dorvault ne se rappelle pas avoir jamais donné de pouvoir spécial à son successeur.

On pourrait multiplier les exemples de ces hardiesses : mais celles signalées au cours de cette note suffisent pour donner une idée des ennuis incessants que Dorvault doit éprouver de la part de son successeur, et démontrer l'intérêt qu'il a à demander que cet état de chose cesse d'une manière efficace.

Telles sont les explications que Dorvault avait à donner pour édifier la Cour sur sa cause, et qu'il croit péremptoires, appuyées qu'elles sont de preuves sérieuses.

Comment se fait-il, qu'ayant la raison, le bon droit de son côté, appuyé d'un rapport favo- rable sur tous les points ; rapport fait par l'un des arbitres les plus expérimentés, les plus écoutés du Tribunal de Commerce (M. Delahodde), qui avait examiné attentivement, posément les pièces, entendu les dires des parties à plusieurs reprises dans son cabinet, qui avait été constater les choses sur les lieux ; comment se fait-il, le répétons-nous, que le Tribunal de Commerce ait renversé, mis à néant tout cela, et donné tort à Dorvault sur toute la ligne ?

Peut-être allons-nous en donner la véritable explication dans ce qui va suivre.

Il fallait à Dorvault, pour éviter toute surprise, même de bonne foi, de la part des juges, au milieu des nombreuses pièces qu'ils avaient à examiner des deux parts, le renvoi en déli- béré, qui eût permis au juge qui en eût été chargé un examen réfléchi des pièces, comme celui qu'avait fait l'arbitre rapporteur.

Mais, fâcheusement, le Tribunal jugea sur le siége, avec une précipitation qui, à elle seule, rend compte des erreurs matérielles de fait et de droit que nous avons signalées sur tous les points du procès.

Dans le cas présent les erreurs d'appréciations sur la valeur des pièces produites ne pour- ront avoir lieu, car déjà la Cour a pu examiner en grande partie celles-ci par avance.

RÉSUMÉ

Dorvault demande l'annulation, sur tous les points dont est appel, du jugement de première instance, tant en raison des faits exposés ci-dessus que des erreurs matérielles de fait et de droit dont il est entaché et que nous rappelons sommairement : 1° Erreur pour avoir déclaré qu'il s'agit d'opérations commerciales à intervenir entre Grimauld et Dorvault, et que l'objet sur lequel Dorvault doit avoir une participation n'existe pas, alors qu'il ne s'agit nullement d'opérations à faire et que l'objet de la participation existait et existe encore ; 2° erreur pour avoir déclaré que Grimauld s'est conformé au jugement de 1859, pour le nom Dorvault, alors qu'en outre les autres genres d'infractions, Grimauld lui-même ne dénie pas les enseignes des rues de la Feuillade et de la Vrillière, portant les mots seuls de *Pharmacie Dorvault*, un mois encore après l'assignation ; 3° question des médailles appartenant au jugement de 1859 (expliquée plus haut) ; 4° erreur pour avoir interprété la règle de l'administration des postes touchant le droit aux lettres à l'opposé de ce qu'elle est.

PIÈCES AU DOSSIER.

1° *Pièces relatives à la participation ;*
2° *Pièces relatives à l'abus de nom ;*
3° *Pièces relatives aux médailles ;*
4° *Pièces relatives à la demande reconventionnelle ;*

NOTA. — Aucune des pièces à l'appui n'est antérieure à 1859, c'est-à-dire n'a servi au premier procès. — Ces pièces, produites comme spécimen des divers genres de preuves, et non toutes celles que Dorvault pourrait produire, vont de 1859 jusqu'à ce jour, afin de prouver l'existence encore actuelle des faits.

DORVAULT.

Paris 2 mai 1864.

www.ingramcontent.com/pod-product-compliance
Lightning Source LLC
Chambersburg PA
CBHW061612040426
42450CB00010B/2449